漫画版 西蒙学习法

张萱 友荣万略◎著　大车库◎绘

人民邮电出版社

北　京

图书在版编目（CIP）数据

西蒙学习法：漫画版 / 张营，友荣方略著；大车
库绘. -- 北京：人民邮电出版社，2024.3（2024.7重印）
ISBN 978-7-115-63635-5

Ⅰ.①西… Ⅱ.①张… ②友… ③大… Ⅲ.①学习方
法 Ⅳ.①G791

中国国家版本馆CIP数据核字(2024)第028995号

内 容 提 要

本书以漫画的形式解析了世界知名学习法——西蒙学习法的原理与应用方式，旨在帮助学习者避开常见的学习误区，提升学习能力，取得更好的学习成果。本书共5章，结合学生常见的学习场景，图文并茂地向学习者讲解如何选择学习领域、设定学习目标、拆分学习内容、保持注意力集中等内容，期望帮助学习者培养积极的学习动机，掌握有效的学习方法，合理分配有限的学习时间。

本书适合中小学生以及想帮助孩子建立良好学习习惯的家长阅读。

- ◆ 著 张 营 友荣方略
  绘 大车库
  责任编辑 徐竞然
  责任印制 周昇亮
- ◆ 人民邮电出版社出版发行 北京市丰台区成寿寺路 11 号
  邮编 100164 电子邮件 315@ptpress.com.cn
  网址 https://www.ptpress.com.cn
  临西县阅读时光印刷有限公司印刷
- ◆ 开本：880×1230 1/32
  印张：6.75 2024 年 3 月第 1 版
  字数：187 千字 2024 年 7 月河北第 10 次印刷

定价：59.80 元

读者服务热线：(010)81055296 印装质量热线：(010)81055316
反盗版热线：(010)81055315
广告经营许可证：京东市监广登字 20170147 号

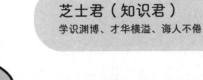

芝士君（知识君）
学识渊博、才华横溢、诲人不倦

蒜哥
喜欢装蒜、盲目自信、爱拿腔拿调

鲨不闲
"铁憨憨"、注意力容易分散、立志不当"咸鱼"

兔飞飞
灵活、理解能力强、善于梳理总结

是的，我就是那个"别人家的孩子"。

从小到大，我的学习成绩一直名列前茅，让老师们赞不绝口，让父母引以为傲。

我高考考上了清华大学，后来又考入了北京大学读研。

在我的世界里，学习从来都不是一件难事。

你也许会觉得我是在炫耀自己的聪明才智，但我知道自己不是那种一看就通、一听就懂、一学就会的聪明人。那个"别人家的孩子"其实只是个普通人，对于课业，我也无非是按部就班地学习。

不过有时我也会想，连我这么普通的人都能成为学霸，谁还不能呢？

有一次，学弟学妹邀请我分享学习心得。我思来想去，总结出以下3点。

第一是积极的学习动机。

喜欢画画的人更容易画出美丽的作品，喜欢音乐的人自然更容易弹出美妙的乐曲。在课业学习方面，我跟周围同学最大的不同也许在于：我很喜欢学习。我喜欢获得新知识时那种茅塞顿开、耳目一新的感觉，因此我一直保持着对学习的热情、兴趣和好奇心。我不仅关注课本上的知识，还会主动了解课外知识。

高中时，为了参加一场演讲比赛，我提前一个月开始准备。在此期间，我既需要保持成绩名列前茅，还需要在课外阅读大量与演讲相关的文献、整理复杂的资料、对演讲话题进行持续而深入的思考、及时与老师对准备过程中出现的问题进行讨论。兼顾课业学习和比赛准备虽然有些辛苦，但每当想到自己将学到更多的知识，我都感到无比满足和快乐。

第二是有效的学习方法。

同样是西红柿炒鸡蛋，妈妈做出来的很好吃，爸爸做出来的却不好吃，这只是因为妈妈做西红柿炒鸡蛋的方法和爸爸的不一样。只有采用正确的烹饪方法，才能做出好吃的菜肴，学习亦然。

我学习时不喜欢死记硬背，而是会注重理解知识的内涵，因为理解知识比单纯记住知识更重要。为了理解知识，我会针对重点内容做笔记、做具体的练习题、研究自己做错的题，还会使用一些可以加深知识理解的方法。

第三是必要的时间投入。

我有个朋友很喜欢打网球，而且打得特别好——他每次都能以大比分赢我。有一次打羽毛球，原本以为自己还是会惨败的我却轻松赢了他。在分析为什么我打网球输给他、打羽毛球却能赢他时，我发现答案很简单：他平时经常打网球，很少打羽毛球，而我刚好相反。

二者虽然看起来都是挥舞拍子击打球的运动，但所用方法和技巧还是很不一样的。要做好某件事，必然需要扎扎实实地投入一定的时间。学习也是如此，要想成绩好，必须在学习上投入一定的时间。我会提前制订每天的学习计划，并在学习时排除干扰，保证专注和高效。

我曾觉得这 3 点学习心得就像我自己一样普通，直到我在一本书中读到了西蒙的学习方法和成长故事，才发现我的学习心得和西蒙学习法惊人地相似。

西蒙是谁呢？

赫伯特·亚历山大·西蒙（Herbert Alexander Simon，1916 年 6 月 15 日—2001 年 2 月 9 日）不仅是诺贝尔经济学奖的获得者，还是现代认知心理学的先驱之一。西蒙的学术领域非常广泛，包含了经济学、管理学、计算机科学、认知科学、政治学、社会学、运筹学、心理学等。他是信息处理、决策制定等多个领域的开拓者之一，为多个领域的发展奠定了基础。

很多学生认为那些学习成绩好、每天把所有的时间都用于学习的同学是书呆子。实际上不是的，比如我除了课内学习，还热衷于打羽毛球、旅行、看小说、画漫画等。学习成绩好的人，往往对学习有一定的积极主动性，掌握了正确的学习方法，再投入适当的时间，就取得了比较好的学习效果，自然觉得学习简单又有趣。而这样的学习方法是通用的，不仅可以用在学习课业上，还可以用在培养爱好上。

这正是西蒙学习法的精髓，也是我学习心得的核心。

西蒙学习法既不是西蒙本人的拍脑袋式总结，也不是难以复制的私人化方法。其本质是物理学中的广义动量定理（General Theorem of Momentum），公式是 $F\alpha t=MV$。

公式中的 F 表示力量，这里的力量包括体力、智力、想象力、忍耐力等，并不局限于物理学中定义的力。

α 表示方向，指的是力量朝向什么目标作用。

t 表示时间，指的是力量在这个方向上作用的时间。

M 表示广义的质量，V 表示广义的速度，MV 表示广义动量增量，在这里，指的是努力的成果。

公式中还蕴含着一个隐藏变量——作用点，指力量具体在哪个位置起作用。

成果 MV 是力量 F 方向 α 上作用于合适的作用点，经过时间 t 的积累效应。

所以，广义动量定理的含义是：努力成果与 4 个因素有关，即力量、方向、作用点和作用的时间。

居里夫人曾说："知识的专一性像锥尖，集中精力就像是锤子的作用力，时间的连续性使锥子不停地往前钻。" 居里夫人的这句话说出了西蒙学习法的核心原理，西蒙学习法也因此被人们称为"锥子学习法"。

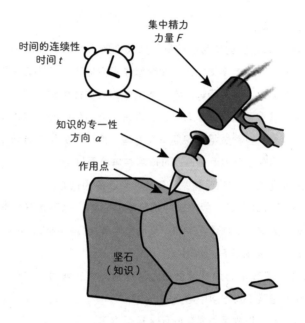

集中精力
力量 F

时间的连续性
时间 t

知识的专一性
方向 α

作用点

坚石
（知识）

    任何知识（学问）都像一块坚石。将锥尖朝向这块坚石，就像是居里夫人说的"知识的专一性"，也像是广义动量定理中的"方向 α"。

    用一把锤子向锥子施加作用力，就像是居里夫人说的"集中精力"，也像是广义动量定理中的"力量 F"。

    持续不断地敲打锤子，就像是居里夫人说的"时间的连续性"，也像是广义动量定理中的"时间 t"。

    当然，锥尖所处的位置，就像是广义动量定理中隐含的"作用点"。

    这个原理也类似烧水，如果持续对水加热，消耗一定的能量后，水很快就烧开了。如果加热一会儿就熄火，断断续续地加热，可能消耗再多的能量、耗费再长的时间，水也始终烧不开。这也正是很多人总是"学不会""考不好"的原因。方法对了，持续作用，付出一定努力后，短时间内就能学会；方法不对，作用不持续，即使没少努力、时间没少耗，也总是学不会。

    我坚信，只要找到正确的学习方法，每个学生都有成为学霸的可能性。我结合西蒙学习法整理了自己的学习经验，总结出了易懂好学的学习方法，并撰写了本书。

为便于读者快速理解、掌握和有效应用书中的内容，我将本书设计为漫画版图书，并与大车库团队一起创作了本书的漫画剧情。

本书适合想取得好成绩的各年级学生、期望帮孩子树立正确学习观的家长以及其他对西蒙学习法感兴趣的读者朋友阅读。

接下来，就请和芝士君、蒜哥、鲨不闲、兔飞飞一起踏上学习之旅吧！

张营
2024 年春

前言

亲爱的同学们：

万事皆有方法论，学习与骑自行车、打篮球、游泳等运动一样，也是有方法的。只要掌握了有效的学习方法，就有可能在短时间内迅速学会很多知识，感受到学习的趣味。但如果没有掌握有效的学习方法，则可能再努力也难以取得好的学习效果，反而觉得学习实在是个苦差事。那有没有简单、易学又实用的学习方法呢？

西蒙在很多领域取得过令人瞩目的学术成就，为世界科学的发展做出了巨大贡献。西蒙曾先后 10 次到访中国，是中国科学院首批外籍院士之一，也是一位"中国通"，这一点从他的中文名（司马贺）就能看出来。

对于很多学者，人们一般不会将其称为科学家，而是称之为某领域的专家，例如心理学家、管理学家。但对于西蒙，用"科学家"称呼他则更贴切。因为他是 20 世纪科学界的奇才，也是个通才。

西蒙涉猎的学术领域非常广泛，包含经济学、管理学、计算机科学、认知科学、政治学、社会学、运筹学、心理学等，他为多个领域的发展奠定了基础。

很多人认为，成为一个领域的专家需要做深，了解不同领域需要做广；深度和广度二者不可兼得，一个人一生能把一个领域研究透、成为一个领域的专家已经很难得了，不可能成为不同领域的通才。但西蒙向世人证明了，这种观念其实只是人们的固有认知。以下是西蒙的获奖情况。

很多在自身所处领域研究多年的专家学者，终其一生都很难获奖，西蒙却能在多个领域分别获得最高荣誉。西蒙并不是什么过目不忘的"超人"，其智商也没有高到让人望尘莫及的地步。西蒙的卓越，主要得益于他的学习方法。西蒙曾说，只要方法得当，肯下功夫，并具备一定的基础，人们可以在短时间内掌握任何一门学问。

目录

第 3 章　设目标：有了目标，我能学得更好

第 4 章　会拆分：学不明白怎么办？拆开学更轻松！

第 5 章　能集中：高效学习的秘诀

第 1 章

短时间内，我可以
学会我想学的

1.1 神奇的西蒙学习法

　　西蒙经过多年的探索和学习经验的总结，逐渐形成了一套自己的学习方法，这套方法并不复杂，只有一个公式。可不要小看这个公式，它可以帮你顺利通过考试，可以帮你快速学习一个新领域的知识，还可以帮你在短时间内大幅提升学习能力。

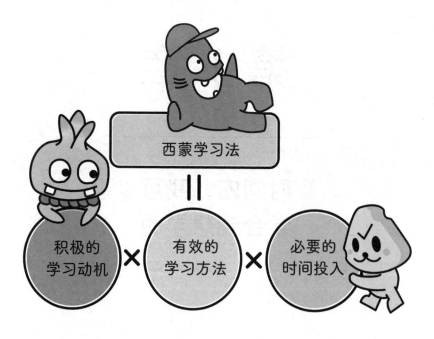

　　根据西蒙的观点，我们来梳理一下有效学习公式中的三大要素——积极的学习动机、有效的学习方法和必要的时间投入。

学习效果好不好，与动机强不强有直接的关系。当某件事给人们带来的内驱力足够强，人们就倾向于学习。缺乏内驱力时，人们对待学习的态度将会是消极的。推自己一把，让自己动起来，是取得良好学习效果的第一步。

学习是需要内驱力来推动的，就像燃油车需要汽油才能行驶一样，没有汽油，再好的燃油车也动不了。

学习动机就是为学习提供能量的"燃料"。我们要想学习效果好，首先要让自己具备学习动机。

　　西蒙认为有效的学习方法可以包括 4 个部分。这 4 个部分，也是实施学习方法的 4 个步骤：第一步，选择学习领域；第二步，设定学习目标；第三步，拆分学习内容；第四步，集中精力学习。

嘿嘿，看来都是干货啊！

做选择

设目标

会拆分

能集中

接下来围绕这 4 个部分，我们会专门设立章节来具体说明。

　　看来这 4 个部分正是西蒙学习法的精髓啊！本书后面的章节会详细介绍这 4 个步骤。

马尔科姆·格拉德威尔（Malcolm Gladwell）提出了"一万小时定律"，其大致意思是每个了不起的大师在一件事上都要经过大约一万个小时的练习才能最终成功。莫扎特弹了大约一万个小时的钢琴才成为杰出的音乐家，比尔·盖茨练习了大约一万个小时的编程才取得成功。因此，要想学习效果好，我们要舍得投入时间和精力。

时间用在哪里，结果就出在哪里，多在学习上用一些时间，我们就可能会收获好成绩和光明的未来；时间如果只用在玩上，那结果可能是一无所获。运用时间也讲究方法，后续内容将会介绍如何高效利用时间。

1.2 接收信息不等于学习

很多人有个认知误区，认为学习知识就是知道原本不知道的某个信息。这其实不是学习知识，只是单纯地记忆信息。

比如学习英语，即使我们能够记住一些基本的单词和短语，甚至可以用英语写出一些简单的句子，但假如我们并不知道怎样在适当的语境里正确地使用英语，没有真正理解这种语言的语法结构，我们就不能说自己会英语。记忆是学习的一部分，但学习更重要的是理解和应用，这需要更深层次的思考和分析。

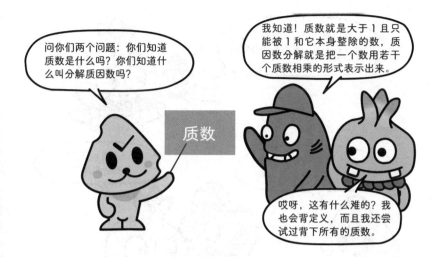

背下了质数的定义，不一定用得好质数；背下了质因数分解的定义，不一定解得出质因数分解的题目。

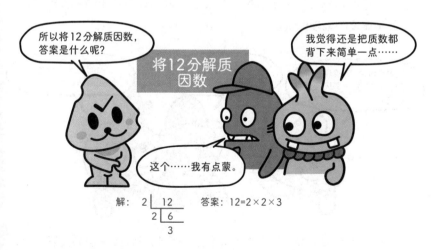

要真正掌握数学概念，需要理解其背后的意义和性质，而不能简单地死记硬背。当你能在实际生活中灵活运用数学知识，解决各种复杂的问题，就说明你学会了。

鲨不闲和蒜哥知道埃及所在的位置，但这并不等于他们真的掌握了关于埃及的地理知识。

知道埃及在非洲，只是单纯记忆了一个信息，如果想要真正掌握关于埃及的知识，就需要了解古埃及文明有哪些成就、金字塔的建造时间、尼罗河在哪个位置、热带沙漠气候有哪些特征、埃及的石油资源是否丰富等内容。

　　鲨不闲和蒜哥知道动物的种类，但这并不意味着他们真正理解这样分类的原因和每个种类的动物的特性。

　　动物分类的主要依据是形态特征、身体内部构造、胚胎发育特点、生态习性和遗传关系等。记住动物的种类，只是单纯记忆了一个信息。只有理解了为什么这样分类，以及了解了每个种类的动物的特性及其如何适应环境，才算真正掌握了动物分类的相关知识。

不要以为看一遍书，听一遍课，就能掌握知识。学习是重塑大脑神经元处理信息的方式，是让大脑建立起某种程序，而不是把信息简单地存储在大脑中。

为什么很多学生上小学时考试经常能得满分，到了初中后，考试得满分却越来越难呢？有的家长认为，原因是学生上初中后越来越贪玩，不爱学习了。实际上，小学阶段的学习基本靠记忆，学生只要记住一些信息，考试时能回忆起来，就可以考好。

知道 ≠ 学到。
知道，只是"以为自己学会了"，而不是"真的学会了"。
知道只是记住了信息，而不是学到了知识。

1.3 原来我也可以爱上学习

很多人像鲨不闲一样，觉得学习是一件很无趣的事。

但事实并非如此，学习其实可以是一件很有趣的事。

举个例子，鲨不闲和蒜哥现在正好在学习关于浮力和密度的知识。

对于一些不确定的知识或问题，我们可以寻找一些有趣的方式来验证，例如做实验。

这个浮力实验很有趣，看起来很重的苹果为什么会浮在水面上呢？

知道苹果可以浮在水面上还没有结束，除了知其然，还要知其所以然，不然以后遇到类似问题还是不知道如何解答。

水确实有浮力，但这并不是某个物品能够浮在水面上的唯一原因。想一想，石块为什么就不能浮在水面上呢？钢锭为什么也不能浮在水面上呢？

温馨提示：未成年人要在父母的陪同下进行涉水活动。

芝士君、蒜哥和鲨不闲后来又做了各种浮力实验，他们尝试将不同材质的物品扔进水里，并观察哪些会浮在水面上，哪些会沉入水底。

如果不理解密度，很多人会想当然地认为物品的轻重决定了其能否浮在水面上。实际上，很多看起来重的物品也能浮在水面上，例如木材；很多看起来轻的物品却会沉入水底，例如沙子。

也许不是每种知识都可以通过有趣的实验习得，也不是每种知识都能够颠覆认知。但其实，由无知到有知的学习过程本身就是有趣的，我们也可以通过学习，去发掘那些有趣的知识。

　　西蒙为什么可以持续学习，不断精进？因为学习本身就是西蒙的兴趣，是他最喜欢的事。一个人做自己喜欢的事时，不仅心态会更加主动积极，也更容易坚持下去。

我仿佛感受到了西蒙热爱学习的状态。

　　如果一个人是出于外在压力被迫学习的，那他每天必然要压抑住负面情绪，才能让自己学下去，这就导致他往往还没开始学，就背上了沉重的思想包袱。

　　让自己对学习产生兴趣的方法，就是每天抽出固定的一段时间，不带任何负面情绪地学习。时间久了，我们就会渐入佳境，把学习变成一种习惯，自然而然地喜欢上学习。

　　学习的有趣之处在于通过探索发现未知领域。当你真正沉下心来坚持一段时间后，就会发现学习的有趣之处并爱上学习。

1.4 偏科不可怕！我不喜欢的学科其实也很有趣

鲨不闲和蒜哥偏科，数学成绩较差。

西蒙也认为偏科最大的原因是不喜欢。

因为不喜欢，所以不能全心全意地学习。

有的人讨厌数学，可能因为没有发现数学之美，也可能因为没有发现数学之用。其实，数学既有趣，又有用。

翻袋：指目标球撞击库边以后，被库边反弹进袋。

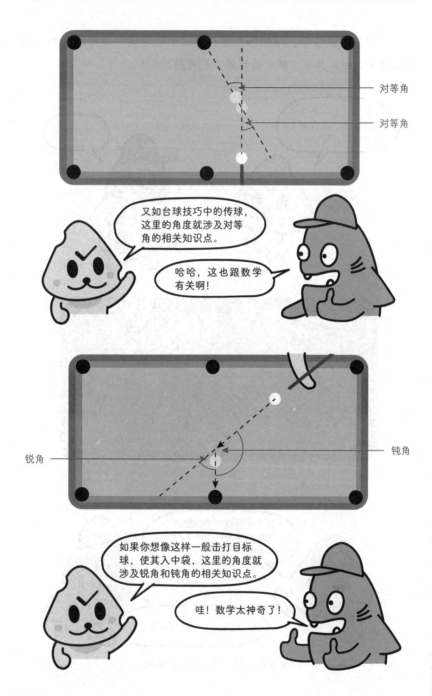

你看，其实数学蕴含在万物中，很多时候，我们只是没有意识到它的存在。

　　其实西蒙也不是全部学科都喜欢，但是他总结了一些针对偏科的解决思路，其主要包括以下 3 点。

消除陌生感

寻找有趣的内容

提供积极的心理暗示

接下来，我来具体给你们讲讲。

　　要喜欢一个学科，必须对其有一定的熟悉感，或者至少对其中的部分内容有熟悉感。

　　如图，*OA*、*OB* 分别是两个半圆的直径，∠*BOA* 为直角，且 *OA=OB=*8 厘米，那么，阴影部分的面积是多少平方厘米？

刚学几何，我毫无头绪。

　　刚接触新学科时，由于之前没接触过任何与新学科相关的信息，我们当然会对其感到很陌生。这时，我们可以借助一个工具——思维导图，来消除我们对新学科的陌生感。

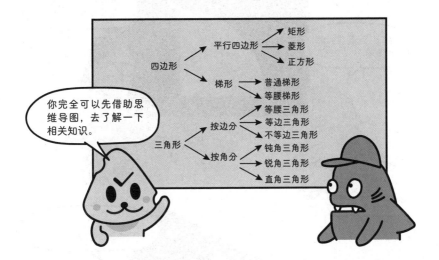

　　思维导图可以帮助我们把不同的知识点关联起来，是一个很好的学习工具。

借助思维导图慢慢熟悉新学科后，我们很可能会对其产生兴趣，这样学起来也会特别省力。

解：连接 A、B，得到等腰直角三角形 AOB，将直角三角形 AOB 外的两处阴影补到该三角形内的空白处，阴影部分的面积就是直角三角形 AOB 的面积，即 8×8÷2=32 平方厘米。

在面对新学科毫无头绪时，不妨借助思维导图消除对它的陌生感。

学习有时是枯燥的，如果能增加一些趣味，我们就会更喜欢学习。

为了玩得尽兴，我们可以自己制作填空用的表格，还可以和同学做各种猜字谜游戏。这种方式有助于我们喜欢上英语这门学科。

　　我们可以寻找各种有趣的方法，来学习枯燥的知识，从而慢慢喜欢上它们。

　　学习过程中，我们可以花一些时间寻找课程中的趣味，例如学习古代文明相关知识时，我们可以通过以下方式来增加学习的趣味。

　　1. 玩角色扮演游戏：设计一个关于古代文明的角色扮演游戏，和同学分别扮演不同角色，通过游戏来了解古代文明。

　　2. 讲趣味故事：通过讲述一些有趣的古代故事来激发学习兴趣，例如古希腊神话故事《奥德赛》或中国古代寓言《夸父逐日》等。

　　3. 互动式学习：参加一些互动式学习活动，如古代文明知识竞赛、古代市场模拟等，在学习中与他人互动，增加学习的乐趣。

　　负面认知会抑制我们的真实能力，降低我们的学习效率。善用积极的心理暗示，可以让我们变得更优秀。

ＸＸ学校４００米跑步比赛

　　如果我们不去改变，这种负面认知会一直存在，甚至不断加强。我们需要建立正面认知，给自己足够且积极的心理暗示。

积极的心理暗示会带给我们健康向上的心理体验，激发我们的潜能，甚至改变事情的结果。

同样，喜欢还是讨厌一门学科，本质上是一种个人的主观感受。如果我们不主动改变，这种感受会一直存在，甚至不断加强。相信自己，开始行动，偏科问题必将迎刃而解。

积极的心理暗示和勇敢迈出第一步，会帮助我们轻松面对不同学科，直面自己内心预设的障碍。

1.5 你的学习树能结出果实吗?

　　看了不等于掌握了，只有投入足够的时间，才有可能真正掌握知识。

学习没有捷径，如果非说有，那就是投入足够的时间。

树需要足够的时间才能结出丰硕的果实，学习也是一样的。

西蒙能够成为学霸，得益于他把自己的大部分时间用在了学习上。西蒙从 10 岁开始就尝试读各类主题的书，通过读书，他自学了经济学、心理学、古代历史、解析几何、代数和物理等。他将家里的书读完后，舅舅就带着他去附近的公共图书馆找书读。

西蒙持续在学习上投入时间，让学习成为他的一种生活习惯。

接下来的一个月里，鲨不闲坚持在数学这门学科的学习上投入更多时间。而蒜哥，依然没有正经投入学习。

随着时间的推移，鲨不闲的数学成绩开始有了明显的提高。

蒜哥看到鲨不闲的数学成绩提升后，也决定开始投入时间学习数学。

然而蒜哥学习只有"三分钟热度"，他三天打鱼，两天晒网，最后把学习数学这件事抛诸脑后了。而鲨不闲还在继续学习数学。

　　投入时间不能只是说说而已，还要管住自己不安分的心。如果自我管理比较困难，可以和志同道合的小伙伴彼此监督，一起安心学习。

芝士君，你的自我管理能力很强，希望你能来监督我！

哈哈，乐意效劳。

　　学习就像种树，只有投入足够的时间和耐心，才能收获丰硕的果实。

第 2 章

做选择：
时间有限，我该学什么？

2.1 同时面对很多学科，要怎么学呢？

许多学生在某些学科的学习中表现出优势，同时在其他学科的学习中感到吃力。鲨不闲也是如此，他虽然数学成绩较差，但比较喜欢历史，在历史的学习中感到比较轻松。

然而，一个学期下来，鲨不闲的数学成绩提高了 30 分，历史成绩却降低了 30 分。

为什么会"按下葫芦浮起瓢"呢？原来，为了提升数学成绩，鲨不闲这个学期几乎把全部课后时间都用在了学习数学上，忽略了自己最喜欢也最擅长的历史，导致历史成绩大幅下滑。

我们需要学习的学科通常不止一门，但我们的时间是有限的，那么，我们该如何安排课后的学习时间呢？

　　我们应该合理分配学习时间，对劣势学科有所侧重，同时兼顾优势学科，而不是放弃优势学科的学习，把所有时间都用来学习劣势学科。

　　学习的正确策略是在擅长的学科上发挥优势，在不擅长的学科上达标，而不是一味追求把"短"变"长"。

学习是为了构建基础知识体系，为自己积累受用一生的知识。所以，进行课业学习，要先满足考试要求，然后满足个人兴趣爱好方面的需求。

学习要有一条清晰的主线，有了这条主线，再逐步建立支线，也就是在保证不偏科的情况下，深入学习那些自己感兴趣的知识。

　　西蒙研究的领域虽然很多且跨度很大，但他的学习其实是有一条清晰的主线和发展脉络的。

我脑中的研究思路始终是清晰的。

　　西蒙一生在做的，是用科学量化的方法研究人的思维和行为。无论是在经济学、管理学领域，还是在心理学、计算机科学等领域，他都没有离开过这条主线。

西蒙太牛啦，我会成为第二个"西蒙"的！

我也希望你能做到，但是你得拿出实际行动来才行啊。

西蒙最早的研究方向是公共行政管理，就是研究行政官员们如何做出最佳的行政管理决策；之后他开始研究经济学和管理学，并提出了"有限理性"理论。后来，西蒙基于"有限理性"理论，提出了"组织决策"理论，并因此获得了诺贝尔经济学奖。

在诺贝尔经济学奖的颁奖典礼上，评委们惊奇地发现，西蒙当时的学术研究领域已经不是经济学和管理学了，而是转向了人工智能。西蒙在经济学和管理学领域有所建树之后，就把研究重心放到了尝试找到人类大脑运转的机制上，并因此成为一名认知心理学家。

在认知心理学领域，他尝试打通心理学和逻辑学，用某种客观清晰的逻辑来解释人的心理。而当时这两个学科领域的多数学者都认为这不可能实现。

但西蒙坚信人脑处理问题一定存在某种规律，心理学研究没有找到这种规律是一种遗憾，但这也给了其他学科一个机会。后来随着计算机技术的发展，西蒙敏锐地感觉到计算机是这项研究的突破口。

之后，西蒙和同事研发了一款叫"逻辑理论家"的计算机程序，这款程序是世界上最早解决非数字问题的计算机程序。后来他还和同事一起开发了世界上第一种用来设计人工智能程序的语言，开启了世界上最早的人工智能研究。

计算机科学领域和心理学领域的研究让西蒙的研究成果进一步繁荣。他不仅通过计算机模拟人脑的思考方式，让人工智能变得更智能，还借助对人工智能的研究，发现人类思考问题的规律。

　　西蒙不是人云亦云，而是会自己独立思考。他接触不同领域，全是为了解决自己感兴趣的主线问题。

　　学习既要考虑到考试要求，也要考虑到全面扩充知识的需求，还要考虑到自己的喜好和擅长项。毕竟对于我们感兴趣的知识，我们往往能更快掌握，而且在今后的生活中如果遇到与之相关的内容，也更容易举一反三。

很多时候，我们会觉得想学的东西很多，但时间总是不够用。那我们就需要在有限的时间内合理分配学习任务，而不能顾此失彼。

我们最终会步入社会，从事一项属于自己的职业，开启一段属于自己的事业。你希望未来自己的职业和事业是什么样子的呢？你希望它们与哪个学科相关呢？你希望深入了解哪个学科并在相关领域有所建树呢？在保证考试成绩达标和各学科全面发展的前提下，尝试梳理出一条属于自己的学习主线吧。

2.2 为什么学霸不讨厌作业?

很多学生觉得作业是多余的，不少成绩不好的学生讨厌写作业，把写作业看成一种负担或额外的工作。

成绩好的学生往往对待作业更认真。是这些学生成绩好，所以对待作业认真吗？也许恰恰相反，是因为成绩好的学生对待作业认真，所以才成绩好。比如芝士君，他从不会在还没写完作业时，就去看电视。用芝士君的话说，这样即使在看电视，他也会记挂着没完成的作业，反而无法全身心地投入有趣的电视节目。

很多学生之所以不喜欢写作业，是因为他们认为自己已经看过课本了，上课时老师也讲过知识点了，因而根本不需要做作业。

作业到底是不是多余的？这一点从学游泳中就可以看出来。只记住游泳知识但不下水可以学会游泳吗？当然不可以！只知道该怎么游泳却不练习，是学不会游泳的。写作业正是为了学知识而进行的必要练习。

温馨提示：未成年人要在父母的陪同下进行涉水活动。

　　只看书、听课却不练习的学生，虽然看起来好像也在花时间学习，时间久了他们还会感觉自己什么都懂，但这样的学生却总在考试时犯错，属于一看就懂，一做就错。

　　与其这样，还不如每天花一些时间来巩固当天学过的知识。这时，作业的作用就体现出来了。写作业既能起到练习的作用，又能起到复习的作用。

知识需要通过不断积累来获取，能力需要通过持续实践来锤炼，经验需要通过时间来检验。

登山者需要经历攀登的过程才能登顶，对知识的深度学习、思考和应用也是如此。作业就像是为了有效学习而设置的阶梯，能帮助我们更好地通向知识的山顶。

　　行动学习理论认为，要掌握一种技能，我们需要用 70% 的时间练习和实践，用 20% 的时间与他人沟通和讨论，用 10% 的时间学习知识，这个原则被称为"721 法则"。

　　所以，如果只是听到了一则自己原来不知道的知识，不要觉得自己已经彻底掌握它了，还差得远呢。

经常听到很多人问，某学霸平时看起来也不怎么学习，为什么一到考试时就考得很好呢？其实人们看到学霸时，大都在学校，这时大家都在一起接收知识。想一想，没有看到学霸时，学霸在干什么呢？

你可以向学霸请教他的课后安排是怎样的。当然，你很可能会发现，没有人能随随便便就收获好成绩。

美国著名教育家、心理学家约翰·杜威（John Dewey）提出了一个名叫"做中学"的原则。他认为有效的学习应该是在行动中学习，从而达到知行合一的状态。写作业正是为了练习，而且最好就知识与别人展开讨论。

就连学霸都要在课后做大量的练习，看来我们更应该努力！

在制订针对学习目标的行动计划时，不能简单地将其定义为用多长时间看完多少书，因为看完书不代表掌握了书中的知识，而应当按照"721 法则"更全面地做出规划。

2.3　你有能与你共同进步的小伙伴吗？

不少学生不知道作业该怎么写，想到理科作业就更焦头烂额。如果课上没听懂，书又没看懂，他们就很容易在写作业时不知所措。这也是为什么很多学生不喜欢写作业。

不过，问同学时也要注意，尽量问那些学习成绩优异、擅长相关学科的同学，而不是问那些成绩比自己更差的同学，毕竟他们也很有可能不会。

千万不要觉得请教他人是件不好意思的事，担心别人会觉得自己笨之类的。想想看，如果有人向你寻求帮助，你其实也并不会这么想，反而会因为自己被他人需要而感到高兴，于是快乐地帮助他。

请教他人，不仅可以帮助我们更好地完成作业、提高成绩，还可以帮助我们收获友谊。

这里说的成绩好的同学，不一定非得是同年级的，也可以是学长。比如对鲨不闲来说，芝士君就是很好的请教对象；至于蒜哥，还是算了……

学长不仅可以针对单一难题给我们提供解题思路，还可以帮助我们整体认识学科，厘清学科脉络，制订学习计划。

那么，如果找不到合适的同学，可不可以先不写作业，第二天等老师讲呢？

最好不要这样。当有不会做的题又找不到同学请教时，可以先寻求父母的帮助。

　　除了找成绩好的同学请教外，还可以找几个志同道合的小伙伴成立学习小组，遇到不会做的难题时，可以和小伙伴们一起讨论。

　　学习小组内的小伙伴们可以相互监督，督促彼此的学习进度。学习中感到倦怠时，小伙伴们可以彼此打气，彼此扶持。

可以自己主动找人组建学习小组，也可以加入别人的学习小组，尤其是那些比较优质的学习小组。

需要特别注意的是，不要为了组建学习小组而随便找人勉强硬组。如果一个小组里有不少学习态度不佳的人，那很可能影响小组的氛围。

另外，学习小组内的小伙伴之间最好能实现学科互补，例如，数学成绩差的人可以找数学成绩好的同学组建学习小组。如果一个学习小组里所有小伙伴的数学成绩都差，那就尴尬了……

学习小组内的小伙伴之间最好可以实现优势与劣势学科互补，数学成绩好的小伙伴可以辅导数学成绩差的小伙伴，语文成绩好的小伙伴可以辅导语文成绩差的小伙伴……这样学习小组内的所有人就可以共同进步。

要想让学习变得有趣，学习小组内的小伙伴之间可以相互出题考对方，将其作为一种内部游戏，并可以设定答对的小伙伴能获得某种奖励。

通过内部游戏形成的竞赛机制，将促进大脑对知识的深度思考，有助于小伙伴们的学习和成长。

　　有句话说得好，要学会一项本领，最快的方法是教会别人。当我们帮助别人弥补不足时，我们自身也在学习和成长。

　　一定要尝试去教别人。在教别人的过程中，我们有时也会发现一个有趣的现象：教别人教得越清晰，自己对知识的理解就越深入。

　　解题是一个有趣的过程，通过问询、查阅、讨论，你会收获知识；体会这种从不知道到知道的过程，你会收获喜悦；与学习小组的小伙伴们一起学习和成长，你还会收获友情。

　　当遇到难题时，我们可以寻求同学的帮助，可以请父母帮忙在互联网上寻找解题思路，可以建立或加入学习小组。记得要多跟那些爱学习的同学一起学习，这有助于我们进步。

第 3 章

设目标：
有了目标，我能学得更好

3.1 5步，教你设置一个能实现的目标

做任何事都需要设定目标，目标可以让我们更有方向感，使我们的行动更主动、学习更高效。

有目标地学习，会使我们每天的学习更有针对性，效率更高，能让我们更容易取得好成绩。

然而，设定目标这件事说起来简单，实际操作起来却不容易，很多人认为的目标实际上并不是目标。

如果要设定一个有效的目标，我们可以参照 SMART 原则，其具体内容如下。

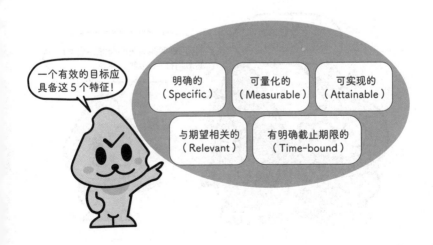

SMART 原则的第一项是"目标要明确"。明确的目标才能给我们动力。例如 "努力学习"就更像是一句口号，或是一个愿景，一个期望达到的状态，而不是明确的目标。

什么是明确的目标呢？例如，熟练背诵 10 首古诗词，就奖励自己和同学们一起玩。

SMART 原则的第二项是"目标必须是可量化的"。目标只有可以量化，才可以被衡量，这样我们才能评判自己的目标是否达成。

另外，为了让自己更有动力，我们要把长期目标拆解为短期目标，把几周或几个月要达成的目标拆解成每天需要做什么。例如，"3 个月背完 300 首唐诗"的目标，可以被拆解为每天背 4 首唐诗。这样，我们每天都能看到自己的进步。

SMART 原则的第三项是目标必须是可实现的。设定过高的目标犹如揠苗助长，只会适得其反。例如，把"4 天背 1000 个英语单词"作为目标，大家还没有开始行动，就知道这个目标实现不了，也就没有动力去实现了。所以，目标不要设得过高，一定要是我们努力后可以实现的。

另外需要注意，目标不应设得过高，也不代表目标设得越低越好。最好的目标是在可实现的同时，具备一定的挑战性，有挑战性的目标可以激励我们不断进步。

SMART 原则的第四项是"目标要与期望相关"。目标必须与我们的需求有关。例如，鲨不闲 1 个月之后要参加一场重要的数学考试，但给自己制定的目标不是每天用 1 小时复习 50 道数学题的解法，而是每天花 2 小时背 50 个英语单词，这个目标显然"跑题"了。

又如，鲨不闲想提升记叙文的写作能力，设定的目标应当与提升写作能力有关，可以是每天写 1 篇日记，但他设定的目标是 1 个月背 30 篇古文。虽然，背古文也能提高文化修养，积累好词好句，但是要想通过背古文来提升记叙文的写作能力还是太间接了，这个目标也"跑题"了。

SMART 原则的第五项是"目标有明确截止期限"。每个目标都应当有截止期限，都应当有时效性，也就是我们要明确用多长时间或在哪个时间点之前实现目标。例如，每天的作业必须用 1.5 小时完成，寒暑假作业必须在开学前一周就完成。

没有明确截止期限的目标不容易实现。例如，鲨不闲给自己设定的寒假目标是每学科尽快完成 2 本练习册，但他没有设置时间限制，于是就一拖再拖，直到开学也没有完成这个目标。

有目标的人往往比没有目标的人更有动力去学习和生活。

学习要有目标，目标要符合 SMART 原则：

1. 明确的；

2. 可量化的；

3. 可实现的；

4. 与期望相关的；

5. 有明确截止期限的。

3.2 发现学霸的秘密

只有目标是不够的，有了目标，还要努力去实现目标。在实现目标的道路上不知道该怎么做时，可以学习一下学霸的行为方式。

学霸之所以能成为学霸，一定是因为做对了什么。具体做对了什么呢？这就需要你去观察和发现了。

你可以观察学霸是如何设定学习目标的，观察他们是如何制订学习计划的，观察他们平时是如何学习的。

注意，这里的观察不是泛泛地看，而是要细致到对行为进行研究。比如研究学霸平时是怎么听课的、怎么记笔记的，以及考试没考好时他们是怎么做的。

　　具体应该如何观察呢？要想解决问题，先要分析自身的情况，发现问题所在。

　　要对当前存在的问题做详细分析，可以问如下问题：当前做某事时遇到的最大的问题是什么？这件事的难点在哪里？具体是在哪个环节不知道方法？

　　找到问题后，可以观察周围有哪些学霸在这方面做得好，研究学霸采取了什么方法或者学霸有哪些秘诀。

　　这里要注意两个关键点。第一个是可以多找几个学霸询问情况。因为假如只请教了一个学霸，也许他的方法只适合他自己，并不适合其他人。第二个是要主动提问，而不要只是被动观察。有些方法是"隐形"的，我们如果不问就没法知道。

接下来，把学霸的方法和秘诀提炼出来，变成自己能够落实的步骤和行动，快速学会并投入实践。

例如，针对不知道如何一边听课一边记笔记的问题，可以先找到将听课笔记做得比较好的学霸。通过观察学霸的行动和询问学霸的学习心得，总结出做听课笔记的行动要点。

当然, 我们也要注意分辨真假学霸, 假如我们跟着假学霸学习, 学习成绩只会越来越差。

那么如何分辨假学霸和真学霸呢? 要看他们是不是每次的考试成绩都好。假学霸在多次考试中通常只有一两次考得好, 而真学霸的考试成绩一直都比较好。

如果学习小组中有学霸，我们不仅可以请教学霸，还可以近距离地观察学霸平时是如何学习的。

　　方法不仅要学得会，而且要用得上。实践是检验真理的唯一标准。如果发现学霸的方法好用，那就可以持续践行这套方法。如果发现学霸的方法不好用，可以和学霸沟通，了解他为什么采用这套方法，思考这套方法是否适合自己，根据实际情况部分应用这套方法；也可以和其他学霸沟通，寻找更适合自己的新方法。

3.3 并不是只有聪明的孩子才能收获好成绩

有个有趣的现象：很多聪明的孩子反而学习成绩不好。这些聪明的孩子通常看起来可以在短时间内学很多东西，还一学就会，但是一到考试时就成绩不佳。

你也太厉害了，学了不到半个小时就滑得这么棒了！

为什么会这样呢？因为很多聪明人总是在试图寻找"捷径"。他们通过"捷径"看到了一些美丽的景色，就误以为这就是全部的景色，然后便停下脚步，沉湎于眼前的景色和自己的聪明，不愿再继续前行。但他们不知道，付出努力继续走下去，能看到更多瑰丽的景色。学习也是如此，学习最重要的是找到方法，持续奋斗。

告诉你一个秘密，学习其实是有"捷径"的，你根本不需要那么努力……

鲨不闲，别听他的！

詹姆斯·马奇（Jamcs March）曾说："学习时不要过分理性，而要适度愚蠢。理性不等于智慧，适度理性加适度愚蠢才是智慧。"所谓"适度愚蠢"，就是在学习时不能自作聪明，不能总想着寻找"捷径"。

詹姆斯·马奇是谁？《哈佛商业评论》上曾发布了一个包含 200 位管理大师的排行榜，同时上榜的大师们还要回答一个问题："谁是你心目中的大师？"结果排在第一位的是"现代管理学之父"彼得·德鲁克（Peter Drucker），也就是 SMART 原则的提出者。排在第三位的是西蒙，而排在第二位的，就是詹姆斯·马奇。

　　詹姆斯·马奇是斯坦福大学名誉教授，也是与西蒙类似的另一位通才。他是管理学、经济学、政治学、社会学、教育学、计算机科学、统计学等多个领域的大师。此外，他还制作过纪录片，出过诗集，是一位兴趣广泛的学者。当然，詹姆斯·马奇最为人称道的，还是他在组织和管理理论方面的开创性成就。

　　对于学习，詹姆斯·马奇认为，学习时应当高效，但不能"过分迷信高效"。虽然学习应该讲究方法，好的方法能提高效率，但任何方法都不代表不投入时间也能学会、学好。浅尝辄止式的学习不是真的学习。学习要沉下心，要敢于尝试。

另外，西蒙并不是智商超群的天才。西蒙之所以能成为学霸，是因为他把大部分的闲暇时间用来学习。有了足够的时间投入，西蒙才能取得今天的成就。

西蒙的家里有很多书，他从小就喜欢在家里读书。把家里的书读完后，西蒙就去附近的公共图书馆找书读。

西蒙喜欢弹钢琴、下国际象棋和画画，曾经在这些休闲娱乐上花了不少时间。因为掌握了正确的学习方法，加上自身学习能力较强，所以西蒙在这些领域也都比较专业。

和很多玩物丧志的人不同的是，西蒙清楚自己最爱的是科研，所以当科研的时间与休闲娱乐的时间发生冲突时，西蒙会毫不犹豫地选择科研。

很多"自作聪明"的人喜欢"秒懂"，这类人在学习的时候，刚学了开头就会说："啊！我知道了！我都会了！"对于普通的小事，"秒懂"也许没有太多坏处，但在学习时，"秒懂"并不是一件好事。

很多学科知识是人们花多年时间总结出来的，其中有一些更是蕴含着深刻的道理。想"秒懂"它们，恐怕是不现实的。

很多同学注意力不集中、专注力不强，可能是因为太"聪明"。他们一感到劳累，马上就想有没有"捷径"可以走；一发现自己原本不知道的新知识，马上就觉得自己掌握了。

有句话说：人要拼命努力，才会让自己看起来毫不费力。用"拼命"来形容"努力"其实并不贴切，会吓退很多人，不如这样说：人要傻傻地努力，才会让自己看起来毫不费力。

聪明过头，精于算计，吃亏的是自己。带点傻气，埋头苦干，反而可能有所收获。这个世界上从来不缺自作聪明的人，缺的是敢于承认自己不够完美，又愿意傻傻地埋头苦干的人。傻一点，不仅是行动力的保障，也是学习的需要。

　　学习犹如春种秋收，有一个辛勤付出才能收获的阶段，并不是如许多所谓的"聪明人"想象的那般容易。学习需要持之以恒，实现学习目标的过程从来都不是轻松的。学习的时候，不如傻一点，少去想走"捷径"，多学多做。

3.4 奖励自己，不必吝啬

　　想实现目标，却总是不愿意行动，怎么办呢？可以尝试给自己一些奖励，让自己动起来。

　　想象一下，在寒冷的冬日，你窝在暖和的被窝里，窗外寒风肆虐。这时，你需要完成一个任务，晨读。但是你没有动力去完成任务，因为你觉得晨读很无聊，而且你很困。然而，如果你告诉自己"完成任务就可以获得奖励"，你会发现自己突然就有动力去完成任务了。这就是奖励带给我们的驱动力。

为什么在有了奖励后，人们更愿意行动呢？因为奖励迎合了大脑对快乐和满足感的追求。

每当我们得到奖励，大脑的"奖赏中心"就会释放一种叫作多巴胺的神经递质，它让我们感到快乐，也会增强我们再次做出能获得奖励的行为的欲望。因此，奖励有助于形成积极的行为模式。

　　设定了目标后，如何给自己适度的奖励，让自己持续行动、实现目标呢？首先，你可以给自己设定一个小目标，并给实现这个小目标设定相应的奖励。

　　很多学习目标都是长期的，例如通过一次考试或者学完一门课程。我们可以将这些大目标分解成小目标。比如，学完一章内容或做完一份作业都可以作为小目标，这样的小目标更容易管理，也更容易达成。每达成一个小目标，就给自己一些小奖励，例如，吃自己喜欢的食物。

设定小目标的关键是对大目标进行分解，例如，如果一个大目标是"期末考试数学成绩达到 90 分"，小目标就可以是：完成今天的数学作业，将某个章节的练习题全部做对，在下次随堂测验中取得 80 分以上的成绩。这样的小目标既有实际意义，也相对容易达成，可以帮助我们保持动力和积极性。

每个小目标对应的奖励应是我们喜欢的东西，这些奖励要能让我们感到开心和满足。这样的奖励制度可以提供即时反馈，让我们明白自己的努力是有结果的。而且，这也是一种自我激励的方式，让我们更愿意付出努力。这样，我们不仅能够完成学习任务，还能在完成任务的过程中找到乐趣，从而提高积极性。

当然，我们设置的奖励最好还是与学习相关，也就是最好是可以直接支持或促进学习的奖励，这样可以帮助我们建立起学习与收获的正面联系，培养兴趣和发展才能，进一步增强学习动力。

例如，鲨不闲对天文学非常感兴趣，在完成一段时间的数学学习后，作为奖励，他可以为自己购买一本有关天文学的书，或者去参观天文馆。

　　我们也可以给自己设置一些具备社交属性的奖励，这样不仅能激发我们的兴趣，还能帮助我们结交志同道合的朋友。例如，鲨不闲成功地达成了学习目标，可以奖励自己参加与朋友的特别聚会或者感兴趣的社团活动或集体运动。

　　如果家人有时间，我们还可以邀请家人一起参与这个奖励项目。例如，我们可以在完成某个学习任务后，与家人一起组装飞机模型或烘焙蛋糕。这种奖励不仅可以让我们收获一段美好的家庭时光，还可以让我们掌握新的技能。

　　奖励的形式并不一定要是物质的，也可以是心理方面的，自我肯定就是一种很好的心理奖励。这是一种重要的内在奖励方式，可以帮助我们建立积极的自我形象、自尊心和自信心，从而增强学习的动力。

　　例如，鲨不闲达成一个学习目标时可以对自己说："我真棒！我成功完成了这个学习任务！""我很自豪！这道题很难，但我仍然解出来了。"这样的自我肯定可以帮助我们保持积极态度，增加面对挑战和困难时的勇气。

设定明确的学习目标后，适度的奖励可以激发我们的积极性，使我们更愿意坚持行动，有助于我们实现目标。通过奖励自己，我们可以创造一个良性循环，即"设定目标与奖励——实现目标——收获奖励"，这个循环可以推动我们朝着最终目标持续前进。

设定小目标及相应的奖励，是一种有效的激励方式。奖励可以与学习相关，可以具备社交属性，也可以是心理方面的。

3.5 阶段性考试原来这么有用

很多学生都不喜欢考试，那学校为什么要设置阶段性考试？阶段性考试真的没用吗？

实际上，阶段性考试在学习中扮演着重要角色。学生可以通过这种考试形式了解自己的学习进度和效果，发现自己的不足，以便更有针对性地学习。

评估学习进度和理解程度是学习的关键环节。阶段性考试就像是一把尺子，能够衡量我们对知识的掌握情况，帮助我们判断自己在哪些地方做得好，在哪些地方还需要提高。

阶段性考试成绩也为我们提供了反馈，这种反馈是很宝贵的，因为它能帮助我们更有针对性地进行复习。

阶段性考试也可以作为一种激励机制，考试的压力可以促使我们更加专注于学习，有计划地复习。同时，良好的考试成绩也能给我们带来成就感，进一步提高我们的学习积极性。

想象一下，你正在参加一场马拉松赛跑，但你看不到终点，不知道自己距离终点还有多远。在这种情况下，你可能会感到迷茫，甚至失去前进的动力。而阶段性考试就像是散布在马拉松赛道上的标志牌，告诉你距离目标还有多远，让你有更明确的方向。

阶段性考试会鼓励我们更加专注于学习，因为我们知道自己的学习成果会被考核，我们也希望自己在考试中取得好成绩。

良好的考试成绩会给我们带来成就感和满足感，进一步激发我们的学习积极性。如果考试成绩不理想，我们可能会因此产生挫败感，但换个角度看，这同样可以激励我们找出问题，改正错误，提高学习效率。

　　课业学习以学期为单位，大量的学习内容往往需要我们分阶段掌握。如果我们试图一次性消化所有的学习内容，可能会压力过大，甚至有些不知所措。这就像站在山脚下却试图一步登上山顶，这样的任务几乎不可能完成。

　　将登上山顶这个大目标分成若干个小目标，每个小目标都对应一个检查点，这些检查点就是阶段性考试。只需要专注于每一个检查点，就能使学习变得更可控，我们也会更容易看到自己的进步。

有了阶段性考试，我们就可以确定何时开始复习，合理规划时间，从而更高效地备考，避免临时抱佛脚。

阶段性考试能培养我们的时间管理技能。因为每场考试开始都有一定的备考期，我们需要学会合理分配时间，既要复习旧知识，又要学习新知识，这不仅有利于我们备考，也有利于我们学习如何管理时间。

许多考试不仅测试我们的记忆能力，还测试我们理解、应用知识以及解决问题的能力。

想想你是如何解决备考难题的？是不是要具备搜集信息的能力、时间管理的能力、心态调整的能力、做计划的能力等？这些都是解决问题不可或缺的能力。以后你会发现，正是解决问题能力的高低，决定了一个人的成就大小。

我们要认清阶段性考试的意义和价值，与其抗拒阶段性考试，不如接受它并根据考试时间和内容制订自己的学习计划，提高自己的学习成绩，享受考试带来的成就感。

阶段性考试可以帮助我们更客观地了解自己的学习情况。因为有阶段性考试存在，我们可以通过分解学习目标和合理规划时间，使学习变得更可控，从而提高学习成绩。阶段性考试不仅是一种评估工具，更是一种学习策略，能够培养我们的各种重要能力，为我们未来的学习奠定坚实的基础。

第 4 章

会拆分:
学不明白怎么办? 拆开学更轻松!

4.1 把大知识拆分成更容易学会的小知识

西蒙学习法强调把大知识拆分成小的不同组块（chunk）。大知识比较难学，容易让人不知所措，而小知识则比较容易学习和记忆。这好比吃牛排，一口吃一大块肯定很难下咽，有可能还会噎到，而将其分割成小块再吃就会很顺利。

美国心理学家乔治·A. 米勒（George A. Miller）认为，人的短时记忆只能记住 7±2 个组块的信息。实际上多数人的短时记忆能记住的信息组块数要小于这个数字。组块不是一个特定的符号，而是人们在记忆时将信息划分成若干组所用的单位。

例如这样一串数字：12832685198。多数人很难在短时间内将这 11 个毫无关联的数字存入短时记忆。但如果把这 11 个数字想象成手机号码，将其分成 3 组，即 "128" + "3268" + "5198" 这种类似电话号码的方式，记住它们的难度将大大降低。

与 11 个组块相比，3 个组块是多数人可以在短时间内记住的组块数量。

1 个数字可以是组块，1 串少于 5 个的不规律的数字也可以是组块。1 个字可以是组块，1 个有意义的词语也可以是组块。

例如，"枯藤""老树""昏鸦"，可以分别作为 1 个组块，一共 6 个字。"枯藤老树昏鸦""小桥流水人家"也可以分别作为 1 个组块，一共 12 个字。通过将知识拆分成适当的组块来学习和记忆，我们能够记住更多的信息。

把知识拆分成组块有什么好处呢？

知识被划分成组块后，我们针对组块可以做什么呢？

拆的本质是化大为小。单个组块的知识比整体知识更容易学习，学会单个组块的知识后，我们能很快收获学习带来的成就感。

不拆分就意味着要学很久才能收获成就感，而拆分可以很快学会从而迅速收获成就感。哪种更能让人爱上学习是非常明显的！

例如，在学习几何图形时，我们可以这样拆分组块：正方形的特性、长方形的特性、圆形的特性，等等。又如，在学习分数运算时，我们可以这样拆分组块：分数的加减运算、分数的乘除运算，等等。

哈哈，按照以上方式去拆分，学习几何图形也会更容易吧？

是的，这回你的脑筋转得还挺快！

西蒙认为，每门学问所包含的信息大约可以拆分成 5 万个组块，学习和记忆 1 个组块大约需要 1.5 分钟，学习和记忆 5 万个组块则大约需要 7.5 万分钟，也就是 1250 小时。假设每天学习 8 小时，完成该任务大约需要 156 天，也就是 5.2 个月。

所以理论上，一个人能掌握很多自己想学习的不同学科的知识。

虽然这里的数据只是估值，但西蒙学习法的逻辑却是被西蒙本人和其他许多人证实为有效的。

确定了有效的逻辑后，接下来要做的就是拆分组块。

　　开始学习之前，我们首先需要对全局有一个大致的了解，明白各个组块之间的关系，列出组成全局的各个组块，然后细化完成每个组块的学习步骤。

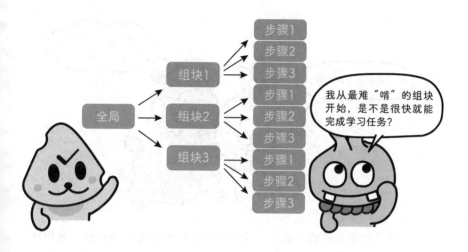

　　注意，学习要循序渐进，从基础的组块开始，逐步向复杂的组块过渡。

我们可以通过哪些方式来拆分组块呢？按课本的目录拆分是最常见的方法。目录本身就是专家们为了学生能更好地理解知识而设置的，我们可以直接利用这些组块展开学习。

除了按照目录拆分组块，我们也可以从问题出发来拆分。比如当我们要完成一项考试，可以研究考试大纲。考试大纲清晰地说明了考试要考查什么内容，考查到什么程度。将考试大纲与自己的学习情况进行对照，既方便我们观察知识组块的构成，也能让我们具象地感受自己是否充分理解组块，不断完善自己的薄弱项。

　　组块是能在短时间内被掌握的知识模块，可以作为最小的学习单位。细化学习内容，即将大的学习单位分解成小的学习单位，将大的学习任务拆分成小的学习任务，有助于我们更高效地学习知识。

　　找到适合自己的最小学习单位并有效地拆分组块，可以帮助我们更好地理解和掌握知识，从而提高学习效率和学习成绩。我们可以按课本的目录拆分组块，也可以从问题出发来拆分组块。

4.2 抓住关键知识点就能事半功倍

很多人觉得，我们要学习的知识实在太多了，要看的书实在太多了，或者书里的文字实在太多了，不知道从哪里入手。这很可能是因为我们没有找到关键知识点。

抓住关键知识点就等于抓住重点，可以使我们事半功倍。经济学家维尔弗雷多·帕累托（Vilfredo Pareto）提出了幂次法则，也叫"80/20 原理"，其含义是世界上的万事万物都遵循这样一条法则：20% 的重点创造了 80% 的贡献，80% 的非重点只创造了剩余 20% 的贡献。

以学唱粤语歌为例，对于个会说粤语的人来说，如果将学习目标设定为唱一首完整的粤语歌，要如何操作呢？

如果按照传统做法，先学习粤语的语法，学会粤语的发音，能够用粤语流利对话，从而学会唱粤语歌，完成这一系列流程，至少需要一年时间。

为了学唱粤语歌，先花一年时间学习粤语，这显然会让很多人望而却步。但其实有一种更简单的方法能够让我们快速学会唱粤语歌。

这并非是一种常规的学习方法，却是可以让我们迅速达成学习目标、享受学习成果的简便方法。

如果我们的学习目标是成为某个领域的专家，我们当然应该系统地学习。但如果我们的学习目标只是达到某种状态，那么我们不一定非要系统学习。这时，划分出重要的和非重要的，抓住关键点，就可以快速达成学习目标。

对于不会说粤语的人来说，要学唱粤语歌，系统学习粤语这件事就是不重要的 80%，它需要付出大量时间和精力，但对实现目标的贡献很小。用已知语言的发音代替粤语歌词中每个字的发音，就是重要的 20%。

　　我们如何在学习时运用幂次法则呢？首先是识别关键知识点，这通常需要我们了解整个课程的大纲，并尝试理解各个知识点之间的关系。

　　识别出关键知识点后，我们就应该将精力集中在理解和掌握这些知识点上，这可能需要我们多次阅读课本的相关章节，并寻求课外的学习资源……

接下来，我们要定期回顾已经学过的关键知识点，确保自己仍然可以理解并记住相关内容。我们可以使用一些方法来回顾，如制作记忆卡片、写总结笔记，或者进行模拟测试。

这部分的知识点还挺多的……

我们在复习时也要抓住重点，把更多时间和精力放在更重要的核心知识点上。花更多时间和精力去理解和掌握它们，比花时间去学习那些不太重要的知识点更有价值。

哈哈，靠谱！

鲨不闲，这次考前复习我们就用这种方法吧！

特别是在考前，一定要多花精力去复习核心知识点！掌握它们可是考试拿高分的关键。

　　幂次法则可以帮我们抓住关键知识点，提高学习效率。在许多情况下，80% 的结果来自 20% 的努力。

　　凡事都有重点，我们要抓住关键点，避免在不重要的细节上浪费过多时间，从而做到事半功倍。

4.3 实用的记忆卡片

针对不同的组块，我们可以利用整段时间学习，也可以把组块拆分成更小的单位，利用碎片时间学习。

根据德国心理学家赫尔曼·艾宾浩斯（Hermann Ebbinghaus）的遗忘曲线，记忆就是与遗忘对抗，所以我们需要多次、有间隔地复习。

　　遗忘曲线告诉我们，遗忘呈现出先快后慢的规律。随着时间的流逝，记忆保留的大致比例是这样的：20 分钟后，记忆保留 58.2%；1 小时后，记忆保留 44.2%；1 天后，记忆保留 33.7%；1 周后，记忆保留 25.4%；1 个月后，记忆保留 21.1%。

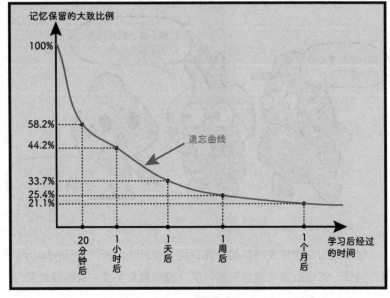

艾宾浩斯遗忘曲线

　　千万别以为自己是个天才，可以摆脱遗忘曲线的规律。历史和经验告诉我们，每当我们这么认为时，都会付出惨痛的代价。

知道这种规律后，想对抗遗忘，就要运用规律刻意复习。找到有助于记忆的复习时间点，常见的复习时间点有 8 个：5 分钟、30 分钟、12 小时、1 天、2 天、4 天、7 天、15 天。

课后留的作业是非常科学的，其目的正是加深我们对所学知识的记忆，所以我们要重视作业。重视作业，就是对抗遗忘。学校设置的阶段性考试（如周考、月考）也很有意义，有利于让短时记忆转化为长时记忆。

很多人认为记忆的效率与重复的次数有关，即当人们想记住某些知识时，重复的次数越多，记忆的效率就越高。实际上根据艾宾浩斯的实验结果，记忆的效率不仅与重复的次数有关，还与每次重复持续的时间有关。

所以，要想有效学习、记忆，我们不仅要重复，还要保证每次重复能持续一定的时间。如果能利用整段时间复习当然是最好的，但有时难以留出整段时间用于复习。

　　记忆卡片就是记录了待复习的知识的卡片。记忆卡片可以作为复习提纲，把我们需要复习的知识集中起来，记忆卡片还很便于携带，放在随身的口袋里就是不错的选择，这能让我们随时随地利用碎片时间实现快速复习。

　　如何制作记忆卡片呢？首先要按复习时间点制作记忆卡片，在记忆卡片左上角标记对应的复习时间点。根据遗忘曲线，设置复习时间点为 5 分钟后、30 分钟后、12 小时后、1 天后、2 天后、4 天后、7 天后、15 天后。假如今天是 1 月 4 日，复习时间点就应该是 1 月 4 日、1 月 5 日、1 月 6 日、1 月 8 日、1 月 11 日、1 月 19 日。

可以在卡片正面和背面写上需要记忆的内容。例如，记英语单词时，可以在卡片正面写英语单词，在卡片背面写中文意思和例句；记数学公式时，可以在卡片正面写公式，在卡片背面写公式说明；记历史事件时，可以在卡片正面写事件名称，在卡片背面写事件发生的时间、地点及事件的意义。

什么时候使用记忆卡片呢？记忆卡片最适合在碎片时间使用。例如，等车时、坐车时、排队时、吃饭前、睡觉前、醒来后，我们都可以将记忆卡片拿出来复习。

复习完的记忆卡片不要随意丢弃，将这些卡片放起来，之后还可以继续利用。也可以遮挡记忆卡片上的关键部分，把记忆卡片变成填空题测试卡片，用于定期练习。

记忆卡片是一种非常有效的学习工具，我们可以利用这种工具在碎片时间内进行有效学习。记忆卡片使用起来既方便又灵活，它还能帮我们定期复习，这对记忆知识非常有效。

我们可以制作自己的记忆卡片，每张卡片的一面应包含一个知识点，例如一个英语单词、一个公式或一个重要的事件名称，另一面应包含与该知识点对应的其他重要知识。我们可以在碎片时间拿出一些记忆卡片进行复习。通过重复阅读这些记忆卡片，我们可以将知识点牢牢记住。

4.4 你会利用学习资源吗？

很多人发现，要想学习成绩好，只看课本是不够的。我们最好能利用多元的学习资源将知识掌握得更牢固。

大部分人想找学习资源时，第一反应是上网搜索。这种方法很便捷，却很容易让人陷入困境。因为网络上的信息太庞杂了，既有正确的信息，也有未经查证的虚假信息；更有能吸引我们注意力，让我们"跑题"的无关信息。

从书中找学习资源会不会更好呢？书虽然好，也会带来问题，因为泛读很难让我们在短时间内真正掌握书中的知识，大多数人要把一本书里的内容全部消化掉，至少需要一周的时间。当然，这里的前提是选对了书，而且这一周需要将大量时间花在读这本书上。

糟了，时间都白白浪费了，读完之后，感觉哪本都对我没帮助……

在这个信息爆炸的时代，要想有效地扩充学习资源，最重要的绝不是增加信息，而是筛选和删除信息。

我们可以利用以下 4 种学习资源！

常见的学习资源有 4 种。第一种学习资源是人。要找到解决问题的方法，可以先找比较有经验的人，问这些人应该怎么做。这些人可以是同学、老师、父母等。

"人"这种学习资源，其优点是有助于我们解决具体问题，快速得到答案，就知识展开研讨；缺点是受限于知识和经验，可能有一定局限性。

第二种学习资源是"事"。除了找人之外，我们还可以找某件做得比较成功的事当作范例，也就是找最佳实践，研究、总结和学习最佳实践是怎么开展的。

"事"这种学习资源，其优点是有效经验和成功案例可以给人很多启发，可以让我们据此总结出学习方法论；缺点是由这件具体的事提炼的方法可能并不适合自己，还需要我们在实践中摸索出真正适合自己的方法。

第三种学习资源是"网"。通过关键词搜索功能，我们可以在网上检索到很多相关信息。网上还有很多问答类网站，它们可以提供有针对性的内容，我们也能在许多网站上找到优质的学习资源，如视频教程或互动学习游戏等。

"网"这种学习资源，其优点是支持快速检索，知识体量大，能让我们快速精准地找到大量相关信息；缺点是知识不系统，且真假难辨，我们难以鉴别知识的准确性和有效性。

第四种学习资源是"书"。书的知识体系相对系统，内容相对全面。通过书籍，我们可以比较系统地学习到相关领域的知识。图书馆中有大量的书籍和学习资料可以利用。

"书"这种学习资源，其优点是知识比较系统，能帮助我们就某一问题建立较全面的认知；缺点是需要我们学习理解知识后举一反三，不一定能让我们快速、精确地解决当下的问题。

如果基于某个具体问题展开学习，可以参考如下步骤。第一步，根据问题，找有经验的人询问。第二步，寻找身边的成功案例，研究案例并从中总结出方法论。第三步，上网找答案，看有没有相关内容能给自己启发。第四步，系统地看书，了解知识的全貌。

如果一开始就希望系统地学习，可以参考如下步骤。第一步，找到这个领域的经典书籍，认真阅读。第二步，上网找相关知识，进行延伸学习。第三步，找实际应用知识的案例，验证知识的有效性。第四步，找到对这个领域有一定研究的人，与其研讨或向其请教。

我们周围充满了丰富的学习资源，它们能够帮助我们提高学习效率和成绩。学习资源并不是只有书，还可以是人、事、网。要充分利用这些学习资源，我们需要培养良好的学习习惯，例如定期复习、主动提问、自我测试等。

最重要的是，要选择适合自己的学习资源和合适的学习资源使用步骤！

意思是要灵活运用呗！

嘿嘿，我尽量学着灵活一些……

　　常见的学习资源有人、事、网、书 4 种。这 4 种学习资源各有优缺点，没有绝对的好坏之分。既然每种学习资源都有其优缺点，我们在寻找学习资源时，最好不局限于单一的资源。交叉利用这 4 种学习资源，有助于我们更全面地学习。

4.5 告别假学习，拥抱真学习

很多学生会疑惑，自己每天回家都会认真写作业、背课文，并为此耗费了大量时间，为什么成绩却不好呢？答案很可能是，这些学生每天在做的都是重复验证那些已经知道的知识。

想一想，你有没有学习时很轻松，考试却成绩不佳的经历？你可以审视一下，自己是真的在学习，还是只是在不断巩固已经知道的知识，面对那些根本没有掌握的知识，却因为它们有一定难度而不愿去学？

西蒙认为，学习内容不能太简单，不然人们会认为自己已经掌握了这些内容，从而导致注意力不集中，或大脑停止思考；学习内容也不能太难，不然人们会望而却步，或者不容易理解并掌握。

真学习要不断突破自己所处的能力圈层，这就需要我们跨越舒适区，进入成长区。每个人都有自己的舒适区，在这个区域里会感觉很舒服，一旦离开了这个区域就会感到不舒服。成长区就是需要通过学习来适应的区域。

　　所有的学习任务都必须在成长区内完成。如果人们把自己推得过猛，则有可能进入恐惧区。在恐惧区里，人们会把所有精力都用于应对自己的焦虑和恐惧，导致没有多余的精力去学习。

　　1908 年，心理学家罗伯特·M. 耶基斯（Robert M. Yerkes）和约翰·D. 多德森（John D. Dodson）提出：人们在相对舒适的心理状态下表现稳定，然而这时人们无法拥有最佳表现，需要增加一点焦虑，才有可能拥有最佳表现，增加的这一点焦虑被称为最佳焦虑值（Optimal Anxiety）。

西蒙学习时，就不断运用这套逻辑，突破自己的舒适区，获得真的进步。西蒙很喜欢学习外语，通过自学，他后来可以翻阅 20 种语言的文献和专业书籍，能阅读 5 种以上不同语言的文学作品。

西蒙认为，很多人学不好外语是因为怕丢面子，不愿意再做回一个不懂语言的小孩，不愿意在别人面前表现得语言水平很低。实际上，只要不怕丢面子，大胆地去学，绝对是可以学会外语的。已经学会的外语和"要面子"，是西蒙的舒适区；不断学习新的外语和"不怕丢面子"，则是西蒙的成长区。

　　许多人都喜欢在舒适熟悉的环境中待着。这种习惯一旦养成，他们就会变得无比依赖这种环境，慢慢地爱上周围的墙，恋上舒适的小屋。

　　如果我们学习时觉得很舒服，情绪上没有波澜，这说明我们还待在舒适区。在有效的学习中，我们一般都是带有一定情绪的，喜欢接受新事物的人通常表现出正面情绪，不喜欢接受新事物的人一般表现出负面情绪。

　　舒服是换不来经验的，经验一般来自不舒服。我们平时聊天也是如此，如果大部分时间都说对方说得真对，这种情况下多半是学不到新东西的。因为这说明你只是巩固了自己当前的认知，但认知范围没有拓宽。

　　如果发现对方说得好像不对，尤其是发现对方的结论令自己无法认同，我们就可以研究对方为什么会得出这个结论、为什么会这么想。尝试站在对方的思维框架下去思考问题，能让自己学到很多东西。

　　如果你在学习的过程中毫不费力，那你很有可能是在浪费时间，这种学习很可能不是真学习。而那种让你略微感到痛苦和不舒服的学习，往往才是真的学习，才能让自己有所收获。

　　如果花费大量时间在学习上却没有成果，我们就要审视自己是在真学习还是在假学习。能有效增长知识的学习过程通常伴随着一些不舒服的感觉，但学习的结果往往是令人愉悦的；那些让人很舒服的学习过程，对应的结果反而很可能是令人不愉悦的。

第 5 章

能集中：
高效学习的秘诀

5.1 注意力不集中怎么办？

　　"时间是宝贵的"这句话不假，但对于多数人来说，时间其实算不上真正的稀缺资源。每个人一天都有 24 小时，除去平均 8 小时的睡觉时间、平均 2 小时的吃饭和洗漱时间、平均 2 小时的交通和休闲时间，剩下的 12 小时如果全部用来学习，有多少人能做到呢？答案是几乎没有人能做到。

　　所以，相比于时间，真正稀缺的，其实是人的注意力。

　　很多人学习效率低的真正原因，是很难在某段连续的时间里，把注意力集中到想学的知识上。这些人在学习时左顾右盼、想东想西，造成了对时间的利用效率低。

你看他总是东一榔头，西一棒子，怪不得做什么都效率很低啊。

　　一般来说，人们会把注意力放在当下认为最重要的事情上，但人们的注意力会因为一些突发状况而转移。例如，我们正在看书，忽然有人打来了电话，手机铃声响了，这时我们的注意力很容易就转移到了手机上。

咦？谁打电话来了……

叮！叮！

这种注意力中断机制是必要的，不然人很容易陷入一种沉浸状态而无法自拔，感知不到周围更重要的信息。

同样，懒也是人类的一种本能，让人类更倾向于储能而非耗能。这个世界上不存在完全不懒的人，如果一个人一点都不懒，那这个人很可能会被累死。

很多人会把自己无法达成目标的原因归结为管不住自己。例如，"我之所以无法控制体重、保持健康，是因为我管不住自己的嘴；我之所以学习成绩一般，是因为我管不住自己，总想出去玩"。

这类人往往心中会有这样一种假设：我只要有较强的自制力，能够管得住自己，就可以做好任何事。于是他们通过各种方式来提升自己的自制力，却往往以失败告终。

成年鲨鱼的平均体重为 20 吨，体形小的鲨鱼可能只有 5 吨左右。

问题出在哪里呢？是因为自制力不足吗？不是的，这其实和自我管理能力的强弱没有太大关系。

想想你有没有这样一种体会：备战重要考试的那段时间似乎是自己整个学期中学习能力和自制力的巅峰时期，在那段时间里，我们每天可以做很多题，可以学习得很投入，到了第二天，还是精神抖擞，能够继续奋斗。

奇怪的是，考试完成进入假期后，人却很容易变得懒散了，没有了之前的劲头和毅力。假期时，暴饮暴食、熬夜看剧、晚睡晚起对他们而言都是家常便饭。

为什么会这样？因为他们没有目标了？还是因为他们安于现状？这些并不是真正的原因。真正的原因是：当初保证他们高效运转、持续行动的其实是"习惯"，而不是自我管理能力。

是的，就是习惯！

什么？习惯？

想一想在考试之前那种紧张的学习氛围里，他们被动地养成了多少习惯？每天规律地上课、自习、吃饭和睡觉，他们的目标也非常明确。每天需要学习或复习什么，都被规划和安排得非常好。在那种环境下，一切与学习有关的事都变得习以为常，就像我们每天早上起床后就会刷牙、洗脸一样自然。

你说的好像有些道理。

我们不妨梳理一下，看看是不是这么回事。

这是习惯的原因吗？

　　想一想我们起床后刷牙、洗脸的过程：即使仍睡眼惺忪，这一套流程我们仍然能精确无比、毫不费力地执行下来。执行这套流程需要自我管理能力吗？不需要！我们养成每天早上起床后刷牙、洗脸的习惯之后，如果哪天早上起床后没有执行这套流程，反而会觉得不适应。

　　学习也是如此，养成学习的习惯后，不学习反而觉得不适。许多名人都曾说"不可一日不读书"，这不是一句口号，而是这些人真实的习惯。

主动养成好习惯，利用好习惯，行动就能变得很轻松。

　　如果我们发现自己注意力不集中，在学习过程中总是开小差，可以试着让自己养成好习惯。用好习惯来约束自己的行为，比依靠自制力更高效。

5.2 4步养成好习惯

很多人对自制力有一种误解，认为自制力一旦形成，就取之不尽、用之不竭。其实人的自制力是有限的。

想象这样的情景：我们在饥饿难耐的时候还要坚持看书，本来可以随便吃美食，但是内心偏要告诉自己克制，旁边还有人在不停讲这些美食的细节。我们每拒绝一次类似的诱惑，自制力就消耗一分，如果面临的诱惑太多，在某个时刻，我们总会"累"到无力抵抗。

这和我们从事体力劳动的原理是一样的。想象一下，我们要自己搬家，把一大堆家具吃力地从楼上搬到楼下，从楼下抬上货车，再从货车抬到新家。也许用不了一天，我们就会双臂酸软、腰酸背疼，严重的话，可能连一杯水都端不起来。

每个人自制力的强弱几乎都不一样，但大致呈正态分布。有自制力超群的，也有自制力很弱的，不过这两部分人在人群中都占较少的比例，绝大多数人处在中间状态，其自制力不算强，也不算弱。

　　肌肉力量有极限，自制力也有极限。生活中我们面临的诱惑如此之多，想要持续进步仅靠后天锻炼出来的自制力根本就不现实。成功人士、精英人士之所以能高效学习和生活，并不像我们惯常以为的那样依赖于强大的自制力，而是得益于后天构建起来的习惯体系。

　　我们要做的是利用我们有限的自制力，去构建这样一套好的习惯体系。利用自制力去养成好习惯，再让好习惯推动我们的行为，这是成功的关键。

如何养成好习惯呢？好习惯的养成，依赖于 4 个部分。

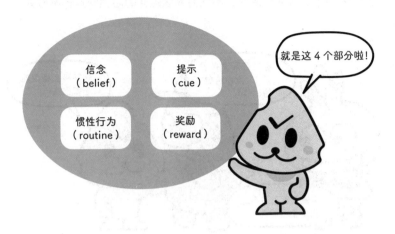

先说信念。信念是习惯养成的顶层条件，是自己"为什么要这样做"的原因。为什么有人要养成早睡早起的习惯？因为这类人的信念认为，这对自己的身心健康有好处。为什么有人要养成每天学习 2 小时的习惯？因为这类人的信念认为，这对自己的学业发展有好处。

相反，为什么有人对养成早睡早起和每天学习 2 小时这些习惯并不在意？因为在这类人的信念中，不认为养成这样的习惯对自己有好处。

再说提示。提示是触发习惯的因素。能构成习惯的提示有很多，可能是时间、地点、事件或场景。例如，有人习惯在家里的客厅看电视，那么可能他回家后一到客厅就会下意识地打开电视。提示是大脑中一个习惯流程的开始，是整个习惯养成过程的必备一环。

接着说惯性行为。当惯性行为形成后，人会无意识地做出惯性行为，例如有人一到教室就犯困。在养成新习惯的过程中，我们要将自制力用来更正那些引起负面效果的旧行为，将其替换为新的惯性行为。例如，将到教室就犯困这个不好的惯性行为，替换成一到教室就精神抖擞，想好好听课。

在更正旧行为的过程中，我们需要格外留意能引发它的提示，同时关注自己的行为，并不断提醒自己不要重蹈覆辙。例如，鲨不闲一看到课桌就想睡觉的原因其实是他的课桌很杂乱。那些乱糟糟的课本让他感觉这是个睡觉的好地方。想要停止旧行为就需要避免面对"课桌很乱"这个提示。这一步非常消耗时间和精力，我们可能要与旧习惯展开拉锯战。

最后说奖励，也就是正向反馈。奖励是习惯养成中至关重要的一环，它往往容易被我们忽略。为什么坏习惯容易养成且难以改变？因为它们带来的奖励往往即时且明显，打游戏、看电视或玩手机哪个不是这样？

背单词、健身这些行为往往需要坚持较长的时间才能看到效果。有些人天生能从过程中获得精神激励，但大部分人不行。所以为了促进习惯的养成，我们需要适时地给予自己一些奖励，前文已经讲过与奖励有关的内容，这里不再赘述。

那么，有哪些好的习惯是我们应该养成的呢？

先说预习习惯。预习是我们在课业学习中必须要做的，如果不预习直接学，我们很可能跟不上进度，抓不住重点。如何预习呢？例如，利用寒暑假提前看一遍下学期的课本，早上提前看一下当天老师要讲的课程内容……

好的学习习惯是指我们在正式学习的过程中该有的习惯。养成这些习惯能保证我们有效学习，事半功倍。例如，做学习笔记，认真听课，每天晚上用 2 个小时的时间在同一地点学习……

好的复习习惯能保证知识被牢记，是防止遗忘的关键。例如，每天晚上复习白天学习的重点知识，每周末回顾本周所做笔记中的重点，考试结束后回顾自己做错的题……

　　学习计划需要行动来落实，而行动需要习惯来支持。由此可见，养成良好的习惯至关重要。

　　没必要滥用自己的自制力，自制力要用来让自己养成好习惯。

　　好习惯的养成依赖于以下 4 个部分：

　　1. 信念；

　　2. 提示；

　　3. 惯性行为；

　　4. 奖励。

　　好的预习习惯、学习习惯和复习习惯，不仅可以帮助我们提高学习成绩，还能在我们未来的生活和工作中发挥积极的作用。

5.3 用对"10 分钟"，消灭"拖延症"

很多人心里想学习，但仿佛有"拖延症"，明明制订好了学习计划准备实施，但总想先玩一会儿再行动。

人为什么会拖延呢？因为做简单的事能获得即时满足感，而阅读、学习、提升自己这样的事情都只能提供"延迟满足感"，短时间内不会让自己收获满足感，所以人们就很容易放弃，从而选择拖延。

喜欢即时的反馈和满足感是人的天性。几百万年前，我们的祖先茹毛饮血，由于资源稀缺，经常吃了上顿没下顿，于是他们的大脑持续分泌一种化学物质，这种化学物质促使他们去寻找并摄入食物。如果没有这种机制，人类很可能无法存活下来。

即使后来人类学会了计划，学会了为达成长期目标而放弃短期利益，但人类大脑中的"原始部分"并没有消亡，它依然在时刻争夺着身体的控制权，促使人类孜孜不倦地寻求即时满足感。

　　想想婴儿最原始的生理反应——饿了就哭，吃饱了就笑，这就是即时满足的例子。人们很容易偏向于即时满足。为什么学习一个小时很难，而嗑一个小时的瓜子却很容易？因为每一个嗑瓜子的动作都是有即时回报的，即时满足感很快就产生了；而学习一个小时，往往得不到明显的成果和反馈。

　　你是否曾经打开手机想要背单词，却鬼使神差地打开了娱乐App？是否晚饭吃了不少，睡前却还是管不住自己伸向零食的手？这些情况的出现都是因为大脑中的那个"原始部分"在作怪。

那么，要如何解决这个问题呢？要想办法用"延迟满足感"来替代"即时满足感"。

美国作家凯利·麦格尼格尔（Kelly McGonigal）提到过一个方法：等待 10 分钟。这也就是说，在诱惑面前安排 10 分钟的等待时间。如果你想拥有某个东西或做某件事，等待 10 分钟，如果你 10 分钟后还想着它们，就可以拥有它或做那件事。但在这 10 分钟期间，你应当时刻结合长远的利益来思考。这个方法可以总结为：创造一点距离，让拒绝变得容易。

先学习 10 分钟，如果 10 分钟以后我们还想玩那也可以玩，但在这期间，我们要思考：玩真的是我们需要的吗？玩会对我们的学习效率产生什么影响？进行了这样的思考，10 分钟过后，我们一般也不会再想玩。

这个方法还可以用于处理那些必须要做但又总拖延的事情。对于这类事情，我们可以告诉自己：先坚持做 10 分钟。其实，只要不是做自己极其厌恶的事情，我们通常很容易就忘了这个 10 分钟的约定，不知不觉地就做了很久，然后发现这件事做起来也没有那么难，事情竟然就这么顺利完成了。

等待 10 分钟的方法是基于"即时奖励"的原理提出的，还有一种基于"未来奖励"的角度，从长远利益出发而提出的策略，叫"降低延迟折扣率"，也就是提高未来的奖励在自己心中的权重和价值。

我们的大脑习惯给未来的奖励"打折"，但是每个人打的折扣是不一样的。有的人打的折扣很高，未来的奖励对这类人来说估值会偏低，所以这类人更容易选择眼前的诱惑。而有的人打的折扣比较低，未来的奖励对这类人来说估值会偏高，所以这类人通常更关注未来的奖励，并耐心等待它的到来。

当我们受到诱惑，打算做与长远利益相悖的事时，我们可以想象自己已经得到了长远利益，然后问一问自己：愿意用它来换取正在诱惑自己的短暂快感吗？

如果鲨不闲在复习数学的时候想打开手机玩一会儿，那在玩之前，他可以想象一下，现在玩手机就是浪费复习时间，自己很可能因此考不上心仪的学校，无法实现成为数学家的理想，这是自己想看到的局面吗？

鲨不闲想象未来自己考上了理想的学校，并获得了心仪的工作，被亲朋好友夸赞的情景，然后问自己：愿意放弃美好的未来继续玩手机吗？

运用这个方法的关键是弄清自己对未来的期待，所以，知道自己真正想要什么非常重要。只有我们真正想要的东西才可能点燃我们内心的火焰。为了它，我们才有可能放弃即时奖励带来的满足感。

等待 10 分钟和降低延迟折扣率都可以增加我们的延迟满足感。当一个人清晰地知道自己想要什么并能够时刻警醒自己时，他就可以"以终为始"，优先去做那些重要的事情。

你学会了吗？

养成好习惯的道路也许并不平坦。养成好习惯前，当你发现自己忍不住想要拖延或者做与实现学习目标无关的事时，可以尝试等待 10 分钟以增加自己的延迟满足感；也可以对未来充满期待，让自己有美好的梦想和愿景，从而降低延迟折扣率。

5.4　能让人提高专注力的"番茄"

在长期的进化过程中，人类拥有了一颗占据自身体重的 2%，却要消耗身体 25% 的氧气、20% 的能量的大脑。

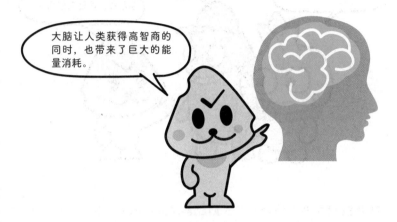

所以，人类都具有不愿意动脑的习惯。为了减少能量消耗，以尽可能地活下去，在常常吃了上顿没下顿的原始社会，少动脑是生存优势。但在如今的社会竞争中，这显然是一种劣势。

专注力是一项技能，是能够锻炼出来的。有人说专注力取决于人们先天的资质和耐力，这种说法实际上是错误的。

教育家玛丽亚·蒙台梭利（Maria Montessori）说："最好的学习方法就是让学生聚精会神的方法。"那么，如何提升学习时的专注力呢？

先说提升专注力的第一个技巧：给自己适度的压力。适度的压力可以让大脑进入兴奋状态，产生 θ 波。在这种状态下，我们能精神集中，学习效率高。但要注意压力应适度，过度的压力会让人停止思考。

要给自己适度的压力，可以采用 3 个方法。首先，规划时间，例如每天晚上 7 点到 8 点必须学习。其次，明确任务，今日事今日毕，绝不拖到明天。我们可以和好朋友相约，互相监督，不遵守约定就要自罚。最后，复盘改进，每天记录 3 个自己有待提高的方面。"吾日三省吾身"，寻找自己的薄弱点，有针对性地进行突破，可以让自己越来越好。

适度的压力能激发人的潜能，但压力过大往往会让人喘不过气来，进而降低学习效率。如果发现自己的学习压力太大，则要想办法让自己冷静下来，找到行之有效的方法去应对，避免过度焦虑。

没有翻不过的山，没有渡不了的河。每个人都是有潜力的，面对压力时不要焦躁，要相信自己能将一切都处理好！

提升专注力的第二个技巧：配合情景学习。在学习某类知识时，我们可以将知识置入某个情景，这样不仅有助于我们对知识进行理解和记忆，也会让我们的注意力更集中。比如背古诗词时，可以将自己置于与古诗词所描绘的情景类似的情景中。

假如要提升写作能力，我们可以与父母或同学一起外出，去近距离接触大自然，去看各种动物和植物。在这个过程中，我们为写作积累了素材，自然能写出生动的文章。

　　再说提升专注力的第三个技巧：交替学习。大脑是分区域的，长时间学习同一类内容，会反复使用同一大脑区域。这样大脑很容易疲惫。这时，我们可以换不同的内容学习，使用大脑的不同区域，让大脑保持新鲜感。

　　例如，我们在学习时可以文理科交替进行，这样做的效果更好。当然，每个人无法专注的原因有所不同。找到导致自己无法专注的因素，就可以采取针对性的措施，从而保持专注。

　　要保持专注，有 4 个习惯值得养成。第一个习惯是收起与学习无关的东西。学习时，远离手机或玩具这类影响学习的东西。

　　第二个习惯是选择安静的环境学习。学习之前，我们可以和家人打好招呼，避免家人无意间打扰到自己。不要主动选择在太嘈杂的环境中学习，这样更能集中精力。

　　第三个习惯是采用番茄工作法。我们可以先给自己设置一个学习任务，然后为自己设定一个 25 分钟的番茄时间，在这个番茄时间内，要专注地完成那个学习任务，不做任何与学习任务无关的事。番茄工作法的精髓就是通过人为分割时间，让人在短时间内集中注意力，提高专注力。初期，番茄时间可以设置为 25 分钟，这意味着每学习 25 分钟，休息 5 分钟。后期可以逐步加长学习时间，给自己一定的学习压力，这样可以有效解决压力不足带来的不专注的问题。

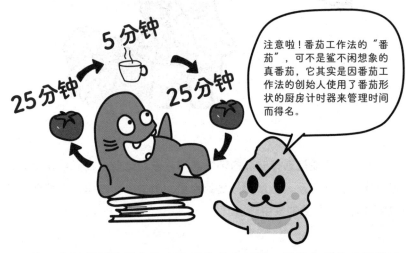

　　第四个习惯是确保自己有充足的休息时间。好的身体状态是学习的基础，少熬夜，充足睡眠，才能让自己精力充沛。

每个人提升专注力的技巧有所不同，常见的提升专注力的技巧有 3 个：给自己适度的压力，配合情景学习，交替学习。要保持专注，还应刻意培养一些有助于提升专注力的习惯，常见的习惯有 4 个：收起与学习无关的东西，选择安静的环境学习，采用番茄工作法，确保自己有充足的休息时间。

5.5 科学地放松大脑

一提到走神，大部分人都会将其和注意力不集中联系起来，但使用各种集中注意力的方法后，仍然会走神。事实上，走神是人的一种本能。

在原始社会，人们周围处处有危险，即使睡觉，他们也不敢睡得太沉，否则很容易被各种猛兽吃掉。所以能活下来的人都是"三心二意"的。

　　无法长期保持专注是正常现象。长期保持专注其实是不现实的，就像长时间站立、行走、跑步而不休息，人的体力必然会透支。

　　人们能保持专注多长时间？2 岁以下的儿童，保持专注的时间大约为 3 分钟，"3 分钟热度"很适合用来形容 2 岁以下的儿童；6~8 岁的儿童，保持专注的时间可以增加到 15 分钟左右；14~16 岁的少年，保持专注的时间能够达到 40 分钟左右；18~22 年的青年，保持专注的时间进一步增加，可以达到 50 分钟左右。这也是为什么学校通常将每节课的时间设置为 45 分钟。

　　走神是一种大脑放松的方式，所以走神时不要怨自己不争气，正确的应对方式是化被动走神为主动走神。

　　上课时，如果发现自己很难做到一节课从头到尾都认真听讲，就要了解老师讲课的进度，可以在老师讲到自己熟悉的知识点时主动走神一小会儿，以免自己在老师讲解重点或难点时出现被动走神的情况。

在家时，如果学习一段时间后感到疲惫，可以主动停下来，欣赏一下墙上的画，看看窗外的风景或听听舒缓的纯音乐，平复心情，主动放松大脑，几分钟后再继续学习。

我们在主动走神时要注意遵循如下三大原则。一是不进行大量思考。既然选择主动走神，就要让大脑充分休息。这时如果进行大量思考，尤其是和学习内容相关的思考，那么大脑实际上并没有得到休息。

二是不产生情绪波动。情绪会影响人的行动，这一点后文会详细讲解。我们在主动走神的过程中产生的情绪波动，很可能会影响我们的注意力，从而影响学习。

三是不影响学习进度。要限制主动走神的时间，不要让这段时间过长，以免影响正常的学习进度。主动走神的前提是经过了一段时间的学习，目的是主动让大脑休息，而不是偷懒。

要注意的是，很多人觉得玩手机、玩游戏是一种休息。实际上玩手机、玩游戏只会让大脑更紧张，得不到真正的休息，这样就达不到放松大脑的目的。

另外，在经过一段较长时间的学习后，我们应当给大脑更多的休息时间。例如，周末让大脑持续休息 2 小时，这时我们可以参与一些感兴趣的活动，比如打羽毛球、跳舞或骑自行车。

深呼吸、做瑜伽或冥想等，可以帮助我们放松大脑。此外，做家务也是一种让大脑得到休息的好方式。

让人疲惫的往往不是远方的高山，而是鞋里的石子，石子不仅磨脚，还总让人惦记，导致人不能专心赶路。所以赶路时，最好的做法是，走一段路休息一下，脱下鞋子揉揉脚，倒掉鞋里的石子，学习也是如此，适当的休息反而能让我们走得更远。

科学地放松大脑和获得有效的休息对我们的身心健康至关重要。

5.6　激发学习动力，变身小学霸

很多人行动力差，需要做些什么事时，就是不愿意动。这种"懒"通常不只体现在学习上，还体现为对生活中的很多事都提不起兴趣。说起提不起兴趣，就不得不说到情绪，提不起兴趣实际上就是情绪没调动起来。

调动情绪可以增强学习动力，帮助我们更好地吸收和记住知识。

人是有情绪的动物，在激发人的行动方面，没有什么是比调动情绪能量更有效的方法了。这里有一个词——情绪能量，没错，情绪实际上是一种流动的能量（Energy in Motion）。

关于情绪对人的行动的推动作用，心理学界曾有大量的研究，著名心理学家大卫·R.霍金斯（David R.Hawkins），就曾对人在不同情绪下对应的能量等级做过研究。

　　很多人不明白，为什么有些人明知道做某件事对自己是有益的，但就是不愿意做这件事，例如明知道学习对自己有帮助，但就是不愿意学习，这是为什么呢？很可能是因为这类人对做某件事抱有负面情绪，他们一想到学习，就会想到辛苦学习的压力、学习遇难的挫败、面对未知的焦虑……而有的人则能用正面情绪看待学习，认为学习能带来知识收获，能改变现有的人生……

　　如何通过调动情绪增强自己的学习动力呢？首先，我们一定要培养正面的情绪，开心、自信和乐观等情绪都可以增强学习动力。

即使面对困难，我们也应相信自己有能力克服这些困难，继续前进。

负面情绪可能会阻碍我们学习，因而我们要学习调控负面情绪。具体该怎么做呢？我们可以深呼吸，或者参加一些体育活动来排解负面情绪。换个角度想，困难和挫折其实都是学习与成长的好机会。

善于感受情绪、调动情绪，有助于我们产生巨大的行动力。当我们在学习上缺乏行动力，不愿意动起来时，不如试着调动情绪。

亲爱的同学们：

西蒙学习法，你们学会了吗？我们来简单回顾一下。积极的学习动机、有效的学习方法、必要的时间投入是应用西蒙学习法的三项重要因素。我们知道了如何从不喜欢学习、不喜欢某个学科，到喜欢学习、不再偏科，学习对你来说，将不再是一种负担，而是可以变成一件有趣的事。

我们也知道了如何有效投入时间学习，从此我们学习不会只有"3分钟热度"，不会有三天打鱼，两天晒网的情况。当然，想要学习好，最重要的还是要掌握有效的学习方法。

首先，我们要知道应该学什么，这对应第一步：做选择，要会选择学习领域。结合考试要求和自己的学习情况，我们要能很快发现自己应该优先学什么，不用再为先学哪一科、再学哪一科发愁。

但盲目学习也很难取得优异的成绩，所以我们要学会给自己设定目标，这对应第二步：设目标。有了目标，就有了行动的方向，从此我们可以不再惧怕考试，考出自己想要的好成绩。

要想不被学习任务吓倒，我们还应该学会第三步：会拆分。新学期的课本再厚，我们也不会烦恼，因为我们已经懂得如何将大知识拆分成小知识进行分阶段学习。

　　就像之前讲过的，如果烧水时断断续续地加热，水很难烧开，但如果集中火力猛烧，水很快就烧开了。学习也是这样，这对应第四步：能集中。掌握对的学习方法，你在学习时将不再痛苦，甚至可以更轻松、更好、更快地取得好成绩。